I0148685

El pasado es un pueblo solitario

OSDANY MORALES
El pasado es un pueblo solitario

bokeh ✳

© Osdany Morales, 2015

© Fotografía de cubierta: W Pérez Cino, 2015

© Bokeh, 2015

ISBN: 978-94-91515-23-1

Todos los derechos reservados. Cualquier forma de reproducción,
distribución, comunicación pública o transformación de esta obra
sólo puede ser realizada con la autorización de sus titulares, salvo
excepción prevista por la ley.

Índice

I

What was your favorite place to visit as a child? 10

What was your childhood phone number
including area code? (e.g., 000-000-0000) 14

What street did you live on in third grade? 16

What is the license plate (registration)
of your dad's first car? 18

What was the name of your first stuffed animal? 22

What was the last name of your third grade teacher? 24

What time of the day were you born? 26

What was the name
of your elementary / primary school? 28

What was the name of your first pet? 30

How many bones have you broken? 34

In what city or town did your mother and father meet? 36

What school did you attend for sixth grade? 38

II

What is the first name of the boy
or girl that you first kissed? 42

What was your favorite sport in junior high school? 44

What was your hair color as a child? 46

What is the street number
of the house you grew up in? 48
Where were you when you had your first kiss? 50
What is your oldest sibling's birthday
month and year? (e.g., January 1900) 54
What was your high school mascot? 56
What was the first concert you attended? 58
What is your favorite animal? 60
What is your oldest cousin's first and last name? 62
What is the color of your eyes? 64
What was your dream job as a child? 66

III

What month and day is your anniversary?
(e.g., January 2) 70
In what city or town was your first job? 72
What sports team do you love to see lose? 74
Where did you vacation last year? 76
To what city did you go on your honeymoon? 78
Where were you when you first heard about 9/11? 80
What is your preferred musical genre? 82
What was your childhood nickname? 84
What are the last 5 digits of your Social
Security number? 86
On which wrist do you wear your watch? 88
In what city and country do you want to retire? 90
What is your favorite movie? 92

Agradecimientos 95

–My mission is to protect you.
–Yeah? Who sent you?
–You did.

Terminator 2: Judgment Day

I

WHAT WAS YOUR FAVORITE PLACE TO VISIT AS A CHILD?

intentaron cambiarle el nombre
ponerle LA VICTORIA
pero la gente siguió diciéndole
LA TASAJERA

un charco de estaño derretido donde
los barrigones jugaban dominó y sus mujeres
se embadurnaban de un fango
con olor a huevo

mis HERMANAS mayores se bronceaban
bajo un sol mustio tiradas bocabajo
en la punta de alguno de los ocho puentes

en un cruce de caminos
encontré un CHIPOJO
con el cráneo aplastado

el mangle rojo
torturaba los límites de la playa

mi madre era un MARC CHAGALL
mi padre, un IVES KLEIN

PLANCHAS SIDERALES de hormigón
retocaban la entrada al mar; las olas
se partían allí sin dramatismo

y llenaban de limo los derrumbes

en la arena me huían cangrejos autómatas
piezas de un robot desarticulado POR AZAR
cuyos fragmentos aún chirriaban la esperanza
de la reunificación

WHAT WAS YOUR CHILDHOOD PHONE
NUMBER INCLUDING AREA CODE? (E.G.,
000-000-0000)

las casas de mis primeros años
son SILENTES
sin ese intrépido rumor
de martillo neumático

largos pasillos de mi infancia
a la deriva
sin NÚMERO
sin CÓDIGO DE ÁREA

en las TELENOVELAS los veía aparecer
en los POLICÍACOS
oficiales y esposas rompían los auriculares pesados
o los levantaban con ternura y
los envolvían en un pañuelo para distorsionar la voz
a veces timbraba y ellos repetían ALÓ
ALÓ
ALÓ
nadie del otro lado

tengo una foto a los cinco años con un teléfono muerto
poso para la cámara
fingiendo una gestión que por mi edad
no corresponde
TODO APUNTA a que la fotografía de un niño de cinco años
debe operar también como un precioso chiste
y ahí estoy yo hablando
con el FUTURO, con el vacío
no es mi culpa

WHAT STREET DID YOU LIVE ON IN THIRD
GRADE?

comenzaba en un cuartel de bomberos que
estremecía el vecindario
cada vez que salía el carro rojo
conocido como LA BOMBA
ululaba como parturienta
los VECINOS corrían a los portales para testimoniar
la dirección en que doblaba y así saber
de qué lado del pueblo era el incendio

frente a mi casa construyeron
una clínica estomatológica
estuvimos usando como trincheras
las EXCAVACIONES de los cimientos, más tarde
husmeábamos en la basura y rescatábamos
jeringuillas
bulbos de lidocaína
alguien encontró UNA MUELA

en mitad de la cuadra vivía un brujo
una noche saltamos DOS TEJADOS
para curiosear esa otra lengua
las inmediaciones del infierno

cuando crecí, las VÍRGENES
llegaban todas las tardes al portal
a conmoverme gritando mi nombre
entonces nos mudamos a una calle más discreta
pero ellas siguieron llamándome

WHAT IS THE LICENSE PLATE (REGISTRATION) OF YOUR DAD'S FIRST CAR?

al final
cuando cambiamos asientos y
él recuperó el timón, el carro
no arrancaba; luego arrancó
pero no caían las VELOCIDADES
fue peleando conmigo
todo el viaje de vuelta

lo único práctico que sobrevive
es esa claridad
de sábado
en el parabrisas
del chevrolet BEL AIR
ancho como pantalla de cine
la luz quebrándose allí y yo con la mirada fija
en el desierto del CAMINO CUATRO

sus amigos nos preguntaban
por qué yo no
sabía manejar a los CATORCE AÑOS
él respondía
que a mí no me gustaba

el único espacio de intimidad
destinado a los hijos de padres con carro
son los centímetros oscuros bajo el chasis

de niño debía acompañarlo
en el garaje, veía sus piernas
saliendo por fuera como una
tabla de clavados
odiaba esas HORAS desperdiciadas
dibujaba estrategias que me harían patear el gato y
cortar a mi padre
en dos

BÚSCAME
UNA
TUERCA
jamás la encontraba

SUJÉTAME
ESTO
se me caía de la mano

siempre he sido quien no lo piensa dos veces
a la hora de servirse de un pie
para alcanzar un martillo

al final
nos pasábamos el mismo TRAPO CON GASOLINA
que arracaba la grasa cáusticamente; creo
que lo que exasperaba a mi padre
era que yo asignara
a cada una de las piezas de su mundo
otro significado

WHAT WAS THE NAME OF YOUR FIRST
STUFFED ANIMAL?

anoche volví
a soñar con mi MADRE

había venido
porque no iba a verme más
aunque una haitiana me aseguró que
nos habían sembrado una profunda
LÍNEA DE LA VIDA
en la mano derecha

OTRAS veces
nos hemos encontrado
soñé que cojeaba
luego supe que un perro
le había mordido una pierna

llegabas a caballo
y estabas muy QUEMADO por el sol
me escribió el día
en que recorrí a pie una ciudad completa

anoche lloré CIEN VECES
por encima de la cabeza de mi madre
los aviones
las ráfagas
el fondo de los mares

WHAT WAS THE LAST NAME OF YOUR
THIRD GRADE TEACHER?

al mediodía traían el almuerzo
unas CANTINAS de aluminio
que dejaban en el pasillo central; tirábamos de ellas
con una cabilla doblada en PATA DE CABRA

las enfermeras nos visitaban por DOS MOTIVOS
vacunar o meternos en la boca
un líquido astringente
distinguido como EL BUCHITO

una tarde el camión del almuerzo
aparentemente iba a explotar
nos mandaron a la zona más apartada del seminternado
ni EL BUCHITO ni LAS VACUNAS podrían salvarnos

amontonadas contra la cerca las pioneras lloraban
pero nada explotó; en cambio
descubrimos que a ESA HORA el sol ablandaba el asfalto
vertido sin grava

dejamos CRÁTERES
en el afán por conseguir glóbulos de petróleo
LAS MANCHAS siguieron en los dedos
por una semana; habíamos sobrevivido

WHAT TIME OF THE DAY WERE YOU BORN?

traigo una CICATRIZ
en la zona del apéndice
del día en que salté la puerta del pasillo
porque creí que no había nadie en casa

un trozo de CABILLA se volvió arma blanca
para quien brincara desprevenido
en su intento de desgarrarme el abdomen
me abrió una herida flaca

había olvidado que mis ABUELOS MATERNOS
nos hacían la visita; me encontraron asustado
dije que no era nada; mi piel latía

poco TIEMPO después murió él
UNA DÉCADA más tarde, ella

WHAT WAS THE NAME OF YOUR ELEMEN-
TARY / PRIMARY SCHOOL?

a las diez en punto, las madres
se posaban como palomas devotas
en la CUADRÍCULA del cercado
nos alcanzaban por encima una bolsita de tela
con un pan con mantequilla y
un pomo plástico de limonada

los PIONEROS incrustados contra el alambre
levantándose en puntillas para llegar a la merienda

una vez nos cambiaron de área
lo anunciaron esa misma mañana
con nueve años yaíma se reveló
LAS MADRES VAN A ESTAR AHÍ
AÑEJÁNDOSE
y causó una pequeña revolución entre las tropas

WHAT WAS THE NAME OF YOUR FIRST PET?

hubo TRES PERROS
en mi familia; todos
con el mismo nombre
porque ninguno superó al PRIMERO
al que no conocí

cuando salía de trabajar
mi madre, el perro la esperaba
TODAS LAS NOCHES
ME ASUSTABA decía ella
LUEGO LO RECONOCÍA

un mal día la calle 23 se consagró AVENIDA
el perro enloqueció
amaneció muerto y
según me han contado
todos en la familia lo lloraron

mi padre lo llevó a enterrar
en un LLANO perdido
en el camino de ida lo dejó
para regresar por una pala
pero al volver el perro ya no estaba

luego supieron de un veneno shakespeareano
que sólo dura UNAS HORAS

nunca encontró el camino a casa

TAL VEZ tuve tanta nostalgia
de este animal perpetuo
que traté de revivirlo colgándole
el mismo nombre
a otros dos PERROS NUEVOS
buscando esa armonía familiar
vista en fotos e historias y que creí
erróneamente, que el presente
jamás alcanzaría

How many bones have you broken?

a los diez años caí
sobre el contén de una acera; éramos doce
en el AIRE alcanzando una pelota

culparon a la que nos doblaba la edad
por quemar sus hormonas
COMPITIENDO con los machos impúberes

en la RADIOGRAFÍA se veía la astilla desprendida
como una nave que fuera a aterrizar en el horizonte del cúbito

en el pueblo no ponían yesos
abordamos el chevrolet BEL AIR
y en el hospital más cercano
me tiraron encima la mezcla fría

en la sala de espera escuché a un viejo decir
que se había FRACTURADO una mano
a los diez años; pensé que era un ritual
por el que TODOS debíamos pasar

IN WHAT CITY OR TOWN DID YOUR
MOTHER AND FATHER MEET?

mi padre era un llanero jubilado de veinte años
que ya había PROTAGONIZADO un par de accidentes
su primera mujer lo había dejado con un hijo
le había caído una palma encima del tractor que manejaba y
SEGÚN ÉL llevaba media cara con trozos de metal por dentro
en versión provinciana del fantasma de la ópera

mi madre, supongo, quería emanciparse
de una familia que le imponía la corrección de ser la mayor
escapar de sus hermanas y su hermano pequeño
abrir los círculos de tedio de un pueblo desamparado
que cumplía con todas las cualidades de suburbio
armado a expensas de un EXPERIMENTO CIENTÍFICO

DESPUÉS, con la familia, visitábamos mucho ese pueblo
no debimos mostrarnos tanto por allí
sus hijos

WHAT SCHOOL DID YOU ATTEND FOR SIXTH GRADE?

en sexto grado hubo una epidemia de HEPATITIS A
por lo mal que fregaban las bandejas
los de la brigada

fui de los pocos que no estuvo infectado

los ENFERMOS
volvieron al seminternado
en reposo, pero
corrían y andaban en bicicletas
por las calles vacías
frunciendo sus HÍGADOS

la maestra dinorah declaró
EN ESTE PUEBLO
SE VAN A VER
EN UNOS AÑOS
LAS SECUELAS
DE ESA SANGRE ALTERADA

pensé que todos mis amigos morirían
al cumplir quince años

y de alguna forma murieron

puede que una de esas secuelas sea yo

II

WHAT IS THE FIRST NAME OF THE BOY OR GIRL THAT YOU FIRST KISSED?

le hice creer
que no era el PRIMER BESO

la tiré al suelo
le apreté las muñecas
le caí encima

bocabajo la boca
ESQUIVA

le abrí los labios con los míos y ella
me sopló dentro
la náusea se movió
de adentro hacia afuera
la SOLTÉ

ella se quedó quieta

WHAT WAS YOUR FAVORITE SPORT IN
JUNIOR HIGH SCHOOL?

hay pocas cosas más contemplativas
que una cancha
al ATARDECER

el aire frío, el sudor
en los PÁRPADOS
el eco del repique de la pelota en una tabla
los nudillos pelados
las horas olímpicas

no te puedes sentar sobre el balón
porque se pone huevo
si roza la esquina del cuadro
CANASTA SEGURA

los NOMBRES se pierden y quedan las pelotas naranjas apiladas

WHAT WAS YOUR HAIR COLOR AS A CHILD?

a medianoche
le metieron UNA BALA en la pierna
a la vieja que insistía en participar
de una fiesta del CDR

no era bala
impulsada por revólver
sobre la hoguera de fósforos radiales
se asentaba el misil
se le prendía fuego a las cabezas y
había que correr
nunca supe de dónde salían las MUNICIONES

de esa bala había escapado yo
a los siete años en el vertedero
del patio de una casa; en el ritual
dijeron que AL QUEMARSE dejaba
una silueta de tortuga
pegamos nuestros cráneos como ruleta rusa
hasta que uno decidió iniciar LA CARRERA

invadimos la calle, huyendo
sin saber de qué

y esto fue, recuerdo
semanas antes de que el anfitrión nos demostrara
que por medio de un ABDOMINAL INVERTIDO
era posible alcanzar la autofelación

WHAT IS THE STREET NUMBER OF THE
HOUSE YOU GREW UP IN?

se hizo vital ser dueños de un patio
metimos todo en un camión y nos movimos
unos doscientos metros en L
hasta un vecindario caldeado
al margen de la comunión socialista
que ya se tambaleaba
los JUEGOS PANAMERICANOS
regaban chapas que repetían
una traducción morse de
AMO ESTA ISLA SOY EL CARIBE
JAMAS PODRÍA PISAR TIERRA FIRME

instalados en una choza de tejas
con paredes de TABLAS DE PALMA
era vivir en el estómago de un bicho
el patio tarkovskiano se abría en una arboleda
que se llevaba media manzana

bajo el lavadero
en las coordenadas de la primera casa
dejé olvidada una jarra de CANIQUES

toda una fortuna, yo cumplía
once años

WHERE WERE YOU WHEN YOU HAD YOUR
FIRST KISS?

mi primer amor tuvo una doble penetración multirracial
en los fondos del cine LIBERTAD
donde el pueblo rompía vidrios enteros
para ver EL FLAUTISTA CONTRA LOS NINJAS
o LA NIÑA DE LOS HOYITOS
cine que construyeron al revés; al entrar
tenía la pantalla a mi espalda
y cuando me iba avanzaba hacia los créditos

siempre me ha parecido que así deberían ser
todos los cines

MONTAS BICICLETA COMO SI FUERAS EN MOTO
me dijo ella y yo creí que mis delirios de grandeza
eran difíciles de ocultar
MESES DESPUÉS, la que había sido mi pareja
en la ceremonia de graduación
había filmado un porno amateur
quienes se cruzaban con el VHS opinaban que era
toda una profesional

una bicicleta puede parquearse en la acera
si logra equilibrarse en el pedal

el edificio se alzaba METRO Y MEDIO del suelo
nos sentábamos en las tuberías porque era frío
y una muchacha sudorosa estaba dispuesta

a torcerme la lengua en público
hasta que días después se despidió de mí
dejándome en el bolsillo de la camisa
un palito de PLÁSTICO ROJO
que venía chupando toda la tarde

circulaba una declaración de amor de una página que
todos memorizamos como un resguardo

intenté desvirgarla en un ESTADIO de béisbol
perdidos dentro del banquillo
sin quitarnos la ropa; y fue un error
porque ella huía de mi inexperiencia
NOS ESTÁN MIRANDO, murmuró
una cara de sombra se ocultaba tras la celosía
creí que lo había imaginado
pero volvió a asomarse lentamente

el semen con el agua
se vuelve una resina en la yema de los dedos

madelaine tenía tetas
nombre de heroína de HITCHCOCK
y de PASTELERÍA PROUSTIANA
creía que estábamos atrapados en nuestra edad
asediados por lo infantil grotesco
si hubiésemos coincidido en una era feudal
con doce años hubiera levantado para ella una casa
no me hubiera importado el diezmo
las inclemencias de una naturaleza traicionera
ni la fugacidad de nuestras vidas

nunca volvieron a ser más genuinas
las mujeres, nunca tan difíciles de conquistar

WHAT IS YOUR OLDEST SIBLING'S BIRTH-
DAY MONTH AND YEAR? (E.G., JANUARY
1900)

en una grieta de la FLORIDA
hay un sepulcro que él no ha visitado
y me entristece pensar
que tal vez nunca lo haga

TODAS LA NOCHES SE ME APARECE
MI PADRE, se lamenta mi padre
LE DIGO qué haces aquí
SALGO AL PATIO CON ÉL

y se acuesta de nuevo; nadie se ha dado cuenta

¿POR QUÉ se lamenta
PUEDO SOÑAR CON MI PADRE Y NO
SE ME PERMITE SOÑAR CON MI HIJO?

WHAT WAS YOUR HIGH SCHOOL MASCOT?

.

comencé a beber ALCOHOL
oficialmente a los trece
sin mezclar, sin hielo
un disparo en la garganta

hacía NÚMEROS DE MAGIA con barajas
a seis borrachos reunidos
alrededor de mi padre
que venían a hablar de sus amantes en el fondo del patio
en sillas improvisadas con piezas de carros

siempre hubo disponible para mí un VASO SUCIO
con el líquido inflamable; en el piso
las afiladas hojas de mango
como cuchillos oxidados
yo, cabizbajo y confiado, errando en todo
menos en el TRUCO BARATO que
la vista doble de los invitados mejoraba

WHAT WAS THE FIRST CONCERT YOU
ATTENDED?

el instinto me llevó a chuparle las tetas
en la oscuridad del pasillo, POR UN MOMENTO
pensé que singaríamos allí mismo
cuando lo más cercano que había estado al sexo
era la intro de DOÑA BELLA
pero al forzar su CINTURÓN y romperlo, se ofendió
la DUEÑA DE ARAXÁ se acomodó la ropa
por despedida, como quien espanta
una yegua cerrera
se dio una palmada en la pelvis

al volver a mi asiento no habían notado nada

SEGUÍA SIENDO
a los ojos de todos
un niño

WHAT IS YOUR FAVORITE ANIMAL?

hay que rajarlo en DOS MITADES con un hacha
colgarlas por un agujero abierto en cada cachete
desollar con un cuchillo plateado

esa SÁBANA NÍVEA se separa en tiras
por las que corre la hoja dos veces
en una zanja que no atraviese la dermis

por el lado más flaco hundir una, dos
y al tercero ATREVERSE, de modo que resulte
un cuadrado de seis pálidos dados

CORTE A CORTE el puerco
va dando paso a la geometría

WHAT IS YOUR OLDEST COUSIN'S FIRST
AND LAST NAME?

en LA FOTO, mi padre niño
al lado de su hermano más querido
el tío parecía una niñita
era rubio y le caían chorongos

cuando mi abuelo paterno conoció a mi abuela
amparó a varios hijos de un matrimonio anterior
esa cuadrilla de NIÑOS VECTORIALES
ya transitaban familias rizomáticas cuando yo vine a ser
el hijo menor de uno de los hermanos menores

a los últimos hijos nadie los ve crecer

mi PADRE dijo que recordaba
cuando los sentaron en el banco
mi MADRE dijo que eso era imposible

no sé de dónde salió esa foto

WHAT IS THE COLOR OF YOUR EYES?

tirados en un surco que
no íbamos a terminar nunca, ella me dijo
PARECE UNA GOTA DE CAFÉ
QUE HA SALPICADO

WHAT WAS YOUR DREAM JOB AS A CHILD?

a la escopeta de perle
hay que torcerle el cañon
para meterle la bala

mi padre pasa en su chevrolet BEL AIR y
se detiene a saludarme
yo me vuelvo
le apunto con la escopeta
nos sostenemos la vista
UNOS SEGUNDOS
en el centro del pueblo
él sentado al volante
recibiendo el sol en la cara, y yo
con la boca llena de plomo

los BUENOS PERLES
tienen forma
de flor

III

WHAT MONTH AND DAY IS YOUR ANNI-
VERSARY? (E.G., JANUARY 2)

en el cuarto del burdel en
BLANCO Y NEGRO
un hombre joven se tiempla a una tetona
los amigos lo han dejado pasar primero
orina en una palangana
ella lo apura NO TENGO
TODO EL DÍA PARA TI
al salir él se lanza
a las ruedas de un tren

la sala vacía en la noche temprana
de mis cinco años
el televisor se ha quedado ENCENDIDO
me detengo atrapado por la escena

no está en youtube

IN WHAT CITY OR TOWN WAS YOUR FIRST JOB?

en dos años vi derrumbes
PARCIALES Y TOTALES

una mujer lloraba en una cama, el techo se filtraba sobre ella
una pareja dormía recibiendo arena en la cara
dos trozos de mampostería cayeron sobre un piano
una anciana al volver a su casa notó más luz de lo normal

a diario todo se caía
se iba volviendo BAJA
DEL FONDO
HABITACIONAL

la ciudad ofrecía una pregunta que nadie sabía responder

por ende
se despedazaba

WHAT SPORTS TEAM DO YOU LOVE TO SEE LOSE?

debajo de nuestra ventana
en la casa de al lado, a toda hora
la OTRA PAREJA

espiábamos sus conversaciones
al gritar un orgasmo discutían los proyectos futuros
a su mascota la llamaban EL NIÑO PERRO
mi amor decía que ELLA fingía el placer o ÉL
la tenía demasiado grande
los bautizamos LA PELÍCULA
persiana tras persiana
nuestras juventudes en astillas

el muro era una esponja
que se encharcaba con la lluvia
era fácil singarme a mi amor
en la humedad y en la penumbra
se sabía nombres de ACTRICES IRRELEVANTES
y canciones pasadas de moda
todas las noches llegaba del trabajo
con una innovadora teoría sobre su personalidad

AÑOS DESPUÉS yo negaría esos días

solo quedaba colgando en un sentimiento legítimo
un cartel imaginario de LA PELÍCULA
las ventanas vacías
tres ladridos de EL NIÑO PERRO

WHERE DID YOU VACATION LAST YEAR?

el año pasado alquilaba el CARIBE
en una isla donde el sol arrasa
llueve; el sol reseca todo

anochece detrás de atardeceres paleolíticos
cuando los trillos de SANTO DOMINGO
se van tupiendo por carros abollados
venas de metal carcomido

calles encogidas en la ciudad más grande
del caribe, estrellas apagadas
de mis VACACIONES PERMANENTES

TO WHAT CITY DID YOU GO ON YOUR
HONEYMOON?

un jacuzzi apuntando al cielo nos hizo felices
al descubrir que funcionaba
aunque hubo que sacarle PELOS Y HOJAS SECAS
lo bautizamos el jacuzzi
de la INICIATIVA DHARMA

el dormitorio era un iglú
por la televisión echaban una película vieja
sonreí cuando me dijo
ESE ES ANTHONY PERKINS
Y ESO ES PSICOSIS

esa noche
bebimos de más
ella largó una salamandra
yo un jubo
y los echamos a pelear

WHERE WERE YOU WHEN YOU FIRST HEARD ABOUT 9/11?

la primera vez que vi la línea
de rascacielos de manhattan
fue en el DORSO DE UNA BARAJA

la isla emergía desde esa víspera mostaza
que me atravieza al cruzar de pie el EAST RIVER
a las seis de la tarde

ella apuntó con el dedo, MIRA
ESTAS
SON LAS GEMELAS

me pareció soberbio
levantar
dos edificios idénticos

WHAT IS YOUR PREFERRED MUSICAL GENRE?

en una ESQUINA del patio donde
me criaron creció
anterior a mí
una MATA DE LIMA
las espinas, del tamaño de mi mano derecha

escombros apilados
a la SOMBRA
irradiaban
un temor que he reconocido después
como el miedo a la muerte

mi segunda familia traía la exagerada costumbre de
santificar la SIESTA
mientras yo rebotaba en los límites del patio

a las dos de la tarde llegó un PERRO PERDIDO
vivió conmigo una semana
un mediodía bajó el AURA
y nos miramos largamente

en una casetera alemana
con auriculares de esponja negra
escuchaba dos caras
de canciones de PEDRITO FERNANDEZ

nunca pude
comerme una lima
son amargas por fuera y por dentro insípidas

WHAT WAS YOUR CHILDHOOD NICKNAME?

en el REFUGIO descubrimos cachorros
con el norte recién calibrado

eran hermosos en la penumbra; los deseábamos
de un MODO PRIMITIVO

él no supo controlar su impulso
y se castigó
arrojándoles TIERRA a los ojos

yo fui más cruel

WHAT ARE THE LAST 5 DIGITS OF YOUR
SOCIAL SECURITY NUMBER?

robé cincuenta y dos libros
de la biblioteca pública josé elías entralgo
el mismo año en que
fui seleccionado
MEJOR LECTOR
en la categoría juvenil

ON WHICH WRIST DO YOU WEAR YOUR
WATCH?

han intentado robármelo
dos NOCHES

la primera, salí del sueño
tirando tan fuerte
de AQUEL BRAZO que al huir
el sonámbulo arrastró consigo mi litera

la segunda, igual dormido
otra mano saltó por la ventanilla de la guagua
sus dedos hincándose bajo LA PULSERA
lo remolqué unos metros

no era yo el de las propiedades invencibles
algo había heredado el reloj que le otorgaba
a la mano izquierda un instinto de conservación
superior a su resistencia al agua

ya ha dejado de dar la hora
en el fondo de UNA MALETA

In what city and country do you want to retire?

en lo ancho de la calle veía ranas
en la explosión de las gotas
de lluvia sobre la acera
ranas efímeras, traslúcidas
en cada gota estrellada
todo un imperio
le pregunté a mi madre
¿VES LAS RANAS?

mi padre traía su técnica y yo la mía
a la ronda nocturna de COHETES DE PAPEL
los suyos parecían aves prehistóricas
los míos insignias del futuro
la traza luminosa del vuelo
de aquellos papeles renacentistas
iba dejando un árbol derribado
que nacía de mi padre y de mí

WHAT IS YOUR FAVORITE MOVIE?

uno debería
poder transportarse
inmediatamente
a los límites de la ciudad

FRENTES DE MAR
MONTAÑAS
CARRETERAS al borde de un
despeñadero

lugares donde de pronto aparecen
los protagonistas
miran las luces de la ciudad
patean el aire
se llevan las manos
a la nuca
suspiran
SACAN CUENTAS

Agradecimientos

La tentativa de escribir este libro comenzó en el taller de la poeta argentina Lila Zemborain, en la Universidad de Nueva York, durante la primavera de 2012 cuando bajo el pretexto de la incursión anónima, me animé a ensayar la poesía y la memoria. Mis agradecimientos a Lila y a todos los participantes, poetas legítimos.

Comenzó también en un momento en que el exceso de contraseñas virtuales se ofrecía al alto precio de poner precio mínimo a mis recuerdos.

www.ingramcontent.com/pod-product-compliance
Lightning Source LLC
Chambersburg PA
CBHW022014080426
42733CB00007B/595

* 9 7 8 9 4 9 1 5 1 5 2 3 1 *